Von:

....

Für:

....

Ab in die Küche, ran an den Herd!
Und heute gibt's:

Aromatische Rezepte für Genießer

Bon Appétit
wünscht

Alle Rezepte sind für 4 Personen berechnet.

Inhalt

Safran-Paprika-Suppe · 4

Safran-Mandel-Butter · 5

Spaghetti mit Chili, Pancetta und Süßkartoffeln · 6

Glasnudelsalat mit Chili-Garnelen · 7

Kürbisrisotto mit Zimt, Salbeibutter und
 karamellisierten Maroni · 8

Salat mit Zimt-Äpfeln und Fenchel · 10

Pistazienparfait mit Kardamom · 11

Kalbsfilets mit Blumenkohl-Kardamompüree · 12

Lammkoteletts mit ofengerösteten Ingwer-Möhren · 14

Ingwer-Möhren-Suppe mit Passionsfruchttopping · 15

Kokos-Vanille-Reis mit Mangofruchtspiegel · 16

Kürbis-Vanille-Suppe · 17

Guacamole mit Kreuzkümmel · 18

Möhren-Hummus mit Kreuzkümmel · 19

Käsekugeln mit Paprika und Koriander · 20

Linsen-Bulgur-Salat mit Koriander · 21

Rinderfilets mit Pfefferkruste und Süßkartoffelrösti · 22

Ziegenkäse im Pfeffermantel · 23

Safran-Paprika-Suppe

2 Schalotten · 1 Knoblauchzehe · 3 EL Olivenöl
500 g gelbe Paprikaschoten · 1 Kartoffel
800 ml Gemüsebrühe · 1 TL Safranfäden · 2 EL Butter
150 g Crème fraîche · 1 Handvoll Mandelblättchen

Schalotten und Knoblauch schälen und grob würfeln.
In einem großen Topf das Öl erhitzen und Schalotten
und Knoblauch darin glasig andünsten. Paprika putzen,
von Samen sowie Scheidewänden befreien und klein
schneiden. Kartoffel schälen, waschen und in grobe
Würfel schneiden. Paprika und Kartoffelstücke ebenfalls in den Topf geben und weitere 2–3 Min. andünsten.
Dann Gemüsebrühe angießen, Safranfäden zugeben und
alles zugedeckt bei mittlerer Hitze 15–20 Min. köcheln
lassen. Butter und die Hälfte der Crème fraîche zugeben
und alles mit einem Pürierstab schaumig pürieren. Die
Mandelblättchen in einer Pfanne ohne Fett goldbraun
anrösten. Die Suppe in tiefen Tellern anrichten. Die
restliche Crème fraîche als Häubchen aufsetzen und die
gerösteten Mandelblättchen darüberstreuen.

Safran-Mandel-Butter

40 g geschälte Mandeln · 1 TL Olivenöl
½ TL Safranfäden · 125 g zimmerwarme Butter
½ TL grobes Meersalz · Abrieb und Saft von ½ Bio-Zitrone

Die Mandeln in feine Stücke hacken. In einer Schüssel
die Mandeln mit dem Öl und den Safranfäden vermengen und alles in einem Topf 1–2 Min. erwärmen.
Vom Herd nehmen und abkühlen lassen. Die Butter und
die Nussmischung in eine Schüssel geben und mit einer
Gabel gut vermengen. Salz, Zitronenabrieb und -saft
zufügen und alles zu einer weichen Butter verrühren. Die
weiche Butter auf ein Stück Pergamentpapier geben und
zu einer Rolle formen. Die Enden gut verschließen und
die Butter vor dem Servieren mind. 1 Std. im Kühlschrank
fest werden lassen.

Tipp: Mit einem frischen Pita-Brot ist die Butter ein Genuss!

Spaghetti mit Chili, Pancetta und Süßkartoffeln

2 große Süßkartoffeln · 150 g Pancetta
1 kleine rote Chili · 3 Knoblauchzehen · 5 EL Olivenöl
250 g Mascarpone · Saft und Abrieb von ½ Bio-Zitrone
400 g Spaghetti · Salz · Pfeffer

Den Ofen auf 180 °C vorheizen. Süßkartoffeln schälen,
waschen und in grobe Würfel schneiden. Pancetta fein
würfeln und die Chili fein hacken. Knoblauchzehen
schälen und in feine Scheiben schneiden. Süßkartoffeln,
Pancetta, Chili und Knoblauch mit dem Olivenöl in eine
Auflaufform geben und im Ofen in 25–30 Min. bissfest
garen. Dann den Mascarpone mit dem Zitronensaft und
etwas Zitronenabrieb vermengen. Die Spaghetti in reichlich Salzwasser bissfest kochen, abgießen und zurück in
den Topf geben. Die Mascarponecreme unterheben und
mit den Süßkartoffeln und dem Speck vermengen. Kurz
erhitzen, salzen und pfeffern und servieren.

Glasnudelsalat
mit Chili-Garnelen

Für die Garnelen:

12 rohe, geschälte Riesengarnelen · 2 EL Olivenöl
Salz · Pfeffer · ½ TL getrocknete Chiliflocken

Für den Glasnudelsalat:

150 g Glasnudeln · 1 kleine rote Chili
½ Stängel Zitronengras · 1 Handvoll Koriandergrün
3 EL Limettensaft · 1½ EL Zucker · 1 EL Fischsauce
150 g Zuckerschoten · 1 Handvoll Erdnüsse

Garnelen auf 4 Holzspieße stecken. Mit Olivenöl bestreichen und in einer Pfanne von jeder Seite 3–4 Min. anbraten. Mit Salz, Pfeffer und Chili würzen. Die Glasnudeln in Salzwasser 4–5 Min. garen lassen, kalt abschrecken. Chili und Zitronengras in Streifen schneiden. Koriander abbrausen, trocken tupfen und grob hacken. Chili, Zitronengras und Koriander mit Limettensaft, Zucker und Fischsauce zu einem Dressing verrühren. Zuckerschoten blanchieren und in dünne Scheiben schneiden. Zuckerschoten, Erdnüsse und Dressing mit den Nudeln vermengen und mit den Garnelenspießen servieren.

Kürbisrisotto mit Zimt, Salbeibutter und karamellisierten Maroni

Für die Maroni:
2 Handvoll Maroni · 1 EL Butter · 2 EL Honig

Für das Risotto:
1 mittelgroßer Hokkaido-Kürbis · 1 Zimtstange
5 EL Olivenöl · 1 Knoblauchzehe · 1 Zwiebel
300 g Risottoreis · 200 ml trockener Weißwein
1 l heiße Gemüsebrühe · 100 g Parmesan · Salz
Pfeffer · 1 Bd. Salbei · 3–4 EL Butter

Den Backofen auf 200 °C vorheizen.

Maroni einschneiden und in einer Schüssel mit
Wasser 5–10 Min. einweichen lassen. Die Maroni mit
dem Einschnitt nach oben auf ein Backblech legen und
in 15–20 Min. im Ofen garen. Mit der Hand die Schalen
entfernen und die Maroni grob hacken. Eine Pfanne erhitzen, Butter und Honig zerlassen, Maroni zugeben und
bei mittlerer Hitze karamellisieren lassen. Herausnehmen
und abkühlen lassen.

Den Kürbis waschen, von den Kernen befreien und in Spalten schneiden. Die Zimtstange zerbrechen und in einem Mörser fein zermahlen. Die Kürbisspalten mit 3 EL Olivenöl einreiben und zusammen mit dem Zimt in eine Auflaufform geben. Im Backofen in 40–45 Min. weich garen. Den Knoblauch und die Zwiebel schälen und fein hacken. In einem großen Topf das restliche Öl erhitzen. Zwiebel und Knoblauch glasig andünsten. Reis zugeben, ebenfalls kurz andünsten und alles mit Weißwein ab-löschen. Nach und nach so viel Brühe zugießen, dass der Reis gerade bedeckt ist. Den Reis unter ständigem Rühren bei mittlerer Hitze garen. Sobald die Brühe vom Reis fast aufgesogen ist, erneut etwas Brühe zugeben bis der Reis vollständig gar ist.

Den Kürbis aus dem Ofen nehmen, in mundgerechte Stücke zerkleinern und zu dem fertig gegarten Reis geben. Topf vom Herd nehmen. Parmesan zufügen, unterrühren, und alles mit Salz und Pfeffer abschmecken. Dann Salbei abbrausen, trocken tupfen und die Blättchen abzupfen. In einer extra Pfanne die Butter zerlassen, die Salbeiblätter darin 1–2 Min. braten, und die Salbeibutter zu dem Reis geben. Kürbisrisotto auf die Teller verteilen und vor dem Servieren mit karamellisierten Maroni bestreuen.

Salat mit Zimt-Äpfeln und Fenchel

150 g Blattsalate (z.B. Mangold, Babyspinat, Feldsalat)
2 säuerliche Äpfel · 1 EL Butter · 2 EL Zucker
1½ TL Zimt · Saft von ½ Zitrone · 1 Fenchelknolle
6 EL Olivenöl · 3 EL Balsamicoessig · ½ EL Senf
1 TL Honig · Salz · Pfeffer

Blattsalate putzen und in mundgerechte Stücke zupfen.
Die Äpfel schälen, entkernen und in Scheiben schneiden. In einer Pfanne Butter und Zucker erwärmen und
bei mittlerer Hitze karamellisieren lassen. Apfelscheiben
und Zimt zugeben und unter Schwenken kurz anbraten.
Alles mit Zitronensaft beträufeln und zugedeckt 5–8 Min.
schmoren lassen. Fenchelknolle putzen und das zarte
Grün entfernen. Den Strunk keilförmig ausschneiden
und den Fenchel in dünne Scheiben schneiden. In einer
extra Pfanne 2 EL Öl erhitzen und Fenchelscheiben
4 Min. von beiden Seiten goldbraun anbraten. Etwas
Wasser zugeben und weitere 4–6 Min. garen. Für das
Dressing das restliche Öl mit Essig, Senf und Honig
verrühren, salzen und pfeffern. Äpfel und Fenchel auf
dem Salat anrichten und mit dem Dressing beträufeln.

Pistazienparfait mit Kardamom

2 Eier · 70 g Zucker · 2 Kardamomkapseln
Abrieb von ½ Bio-Zitrone
4 EL gemahlene Pistazien (ungesalzen)
200 ml Sahne

Die Eier trennen. Die Eigelbe zusammen mit dem Zucker in einer Schüssel schaumig rühren. Kardamomkapseln aufbrechen und die Samen in einem Mörser fein zerstoßen. Kardamom, Zitronenabrieb und Pistazien zu der Ei-Masse geben. Sahne steif schlagen und behutsam unterheben. Dann die Eiweiße steif schlagen und ebenfalls vorsichtig unterheben. Die Masse in eine mit Frischhaltefolie ausgelegte schmale Auflaufform füllen und 6–8 Std. tiefkühlen. Zum Servieren aus der Form stürzen und in Scheiben schneiden.

Kalbsfilets mit Blumenkohl-Kardamompüree

Für die Kalbsfilets:
4 Kalbsfilets (à 180 g) · 2–3 EL Öl · Salz · Pfeffer
2 EL Butter · 1 Knoblauchzehe · 2 Stängel Thymian

Für das Püree:
1 mittelgroßer Blumenkohl · 1 Schalotte · 3 EL Butter
2–3 TL gemahlener Kardamom · Salz · Pfeffer

Den Backofen auf 180 °C vorheizen. Kalbsfilets mit
Öl einreiben und mit Salz und Pfeffer würzen. Die
Filets in einer Pfanne von jeder Seite 1–2 Min. scharf
anbraten. Kalbsfilets aus der Pfanne nehmen und kurz
ruhen lassen. Dann die Filets auf einen Rost legen und
im Ofen über einem Auffangblech ca. 7 Min. garen.
In einer Pfanne die Butter zerlassen. Knoblauch schälen
und fein hacken. Thymian und Knoblauch mit den
Kalbsfilets in die Pfanne geben, und alles bei niedriger
Hitze 2–3 Min. ziehen lassen. Die Kerntemperatur sollte
58 °C nicht überschreiten.

Für das Püree das Grün und den Strunk vom Blumenkohl entfernen und den Kohl in große Röschen teilen.
Blumenkohl in einem Topf mit reichlich Salzwasser in ca.
15 Min. weich garen. Schalotte schälen und fein würfeln.
In einem extra Topf die Butter erhitzen, Schalotten darin
glasig dünsten und die gegarten Blumenkohlröschen
zugeben. Mit Kardamom, Salz und Pfeffer würzen und
mit einem Stabmixer fein pürieren. Kalbsfilets mit dem
Blumenkohlpüree auf Tellern anrichten, und das Fleisch
mit der restlichen Kräuterbutter übergießen.

Lammkoteletts mit ofengerösteten Ingwer-Möhren

Für die Lammkoteletts:
1 Knoblauchzehe · 6 EL Olivenöl · 1 EL Honig
8 Lammkoteletts · Salz · Pfeffer

Für die Möhren:
500 g Möhren · 30 g Ingwer · 3 Stängel Thymian
4–5 EL Olivenöl · 1 EL Honig · Salz · Pfeffer

Den Backofen auf 180 °C vorheizen. Die Möhren schälen, waschen, in dünne Streifen schneiden und in eine Auflaufform geben. Ingwer schälen und fein reiben. Thymian abbrausen, trocken tupfen, Blättchen abzupfen und mit Öl, Honig und Ingwer über die Möhren geben. Salzen und pfeffern. Alles gut vermengen und im Ofen 30–40 Min. bissfest garen.

Knoblauch schälen, fein hacken. Das Öl in eine Schüssel geben, mit Knoblauch und Honig vermengen. Die Koteletts darin wenden. Eine Pfanne erhitzen und die Koteletts von jeder Seite 2–3 Min. braten. Dabei mit Salz und Pfeffer würzen. Mit den Möhren anrichten.

Ingwer-Möhren-Suppe mit Passionsfruchttopping

Für die Suppe:
300 g Möhren · 1 Kartoffel · 50 g Ingwer · 2 Zwiebeln
1 Knoblauchzehe · 2 EL Öl · 800 ml Gemüsebrühe
100 g Sahne · 80 g Butter · Salz · Pfeffer

Für das Topping:
2 Passionsfrüchte · 200 g Naturjoghurt

Die Möhren schälen, waschen und grob zerkleinern. Kartoffel, Ingwer, Zwiebeln und Knoblauch schälen und fein würfeln. Öl in einem Topf erhitzen und alle vorbereiteten Zutaten kurz darin andünsten. Gemüsebrühe angießen und zugedeckt 20–25 Min. bei mittlerer Hitze köcheln lassen. Mit einem Stabmixer fein pürieren. Die Sahne und Butter zugeben, kurz aufkochen lassen und nochmals schaumig pürieren. Salzen und pfeffern. Dann die Passionsfrüchte halbieren und das Fruchtfleisch mit einem Löffel auskratzen. Das Fruchtfleisch und den Joghurt in einer Schüssel vermengen. Die Suppe auf Schüsseln verteilen und mit dem Passionsfruchttopping servieren.

Kokos-Vanille-Reis mit Mangofruchtspiegel

Für den Milchreis:
250 g Milchreis · 750 ml Milch · ½ l Kokosmilch
4–5 EL Zucker · 1 Vanilleschote · 4 EL Kokosraspeln

Für den Fruchtspiegel:
1 reife Mango · 1 EL brauner Zucker · 2 EL Limettensaft

Den Reis in einem Topf mit der Milch aufkochen und
10 Min. köcheln lassen, bis die Milch größtenteils aufgesogen ist. Kokosmilch und Zucker zugeben. Vanilleschote längs halbieren, das Mark auskratzen und beides
zum Reis geben. Köcheln, bis der Reis gar ist. Topf vom
Herd nehmen und zugedeckt weitere 5–10 Min. ziehen
lassen. Dann die Vanilleschote entfernen und die
Kokosraspeln unterrühren. Die Mango schälen, entkernen und in grobe Würfel schneiden. Mango, Zucker
und Limettensaft in einem Topf mit 2–3 EL Wasser zum
Kochen bringen und ca. 5 Min. garen lassen. Mit einem
Stabmixer fein pürieren. Den Reis warm oder kalt in
Gläser geben und mit dem Mangofruchtspiegel servieren.

Kürbis-Vanille-Suppe

1 mittelgroßer Hokkaido-Kürbis · 3 EL Olivenöl
1 Vanilleschote · 1 Zwiebel · 2 Knoblauchzehe
Salz · Pfeffer · 2 EL Honig · 3 Stängel Thymian
800 ml Gemüsebrühe · 100 ml Sahne
1 Handvoll Amarettini · 4 EL Kürbiskernöl

Den Backofen auf 180 °C vorheizen. Den Kürbis waschen,
entkernen, in Spalten schneiden und auf ein Backblech
legen. Die Kürbisspalten mit Olivenöl beträufeln. Vanilleschote längs halbieren und das Mark auskratzen. Zwiebel
und Knoblauch schälen, grob würfeln und zusammen
mit Vanillemark und -schote auf den Kürbisspalten
verteilen. Salzen, pfeffern und mit Honig beträufeln.
Thymian abbrausen, trocken tupfen und die Blättchen
über das Gemüse streuen. Den Kürbis 30–40 Min. im
Ofen weich garen. Vanilleschoten entfernen und die
Kürbisspalten in einen großen Topf geben. Gemüsebrühe
angießen, Sahne zugeben, und alles mit dem Pürierstab
schaumig mixen. Amarettini grob zerbröseln. Die Suppe
auf tiefe Teller verteilen und kurz vor dem Servieren mit
Amarettinibröseln und Kürbiskernöl anrichten.

Guacamole mit Kreuzkümmel

4 reife Avocados · Saft und Abrieb von 1 Bio-Zitrone
1 Tomate · ½ rote Zwiebel · einige Stängel Koriander
½ TL Kreuzkümmelsamen · Salz · Pfeffer

Die Avocados halbieren, entkernen und das Fruchtfleisch auslöffeln. In einer Schüssel mit dem Zitronensaft vermengen. Das Avocadofleisch mit einer Gabel
grob zerdrücken. Die Tomate putzen und fein würfeln.
Die Zwiebel schälen und fein hacken. Beides zugeben
und gut vermengen. Koriander abbrausen, die Blätter
abzupfen und grob hacken. Die Kreuzkümmelsamen
ohne Fett anrösten und in einem Mörser fein zermahlen.
Koriandergrün, Kreuzkümmel und etwas Zitronenabrieb
zu der Avocadomasse geben und unterrühren. Mit Salz
und Pfeffer würzen.

*Tipp: Wer es schärfer mag, kann nach Belieben etwas Chili
zugeben.*

Möhren-Hummus mit Kreuzkümmel

3 große Möhren · Salz · Pfeffer · 1 Knoblauchzehe
400 g Kichererbsen (Dose) · 3 EL Olivenöl · 2 EL Tahini
Saft von ½ Zitrone · 1 TL gemahlener Kreuzkümmel

Die Möhren grob stückeln und in einen Topf geben.
Wasser zugeben, sodass die Möhren gerade bedeckt sind,
und 8–10 Min. garen lassen. Wasser abgießen, salzen
und pfeffern. Den Knoblauch schälen und grob hacken.
Kichererbsen in ein Sieb geben, abspülen und abtropfen
lassen. Mit einem Stabmixer Möhren, Knoblauch,
Kichererbsen, Öl, Tahini, Zitronensaft und Kreuzkümmel
fein pürieren.

Tipp: Dazu frisches Fladenbrot reichen!

Käsekugeln mit Paprika und Koriander

Für ca. 16 Kugeln:
1–2 rote Spitzpaprika · 2 EL Olivenöl
150 g Ziegenfrischkäse · 2 EL Koriandersamen
1 TL Pfefferkörner · einige Stängel Koriander
Abrieb von ½ Bio-Zitrone · Meersalz

Den Ofen auf 250 °C vorheizen. Paprika putzen, von
Samen und Scheidewänden befreien und vierteln.
Ein Blech mit Olivenöl bestreichen und die Paprika
mit der Haut nach oben auf das Blech legen. Paprika
im Ofen ca. 15 Min. dunkelbraun rösten. Abkühlen
lassen und anschließend häuten. Paprika in feine
Streifen schneiden und mit dem Frischkäse vermengen.
Koriandersamen und Pfefferkörner in einem Mörser
grob zerstoßen. Koriandergrün abbrausen, trocken tupfen
und fein hacken. Gewürze, Zitronenabrieb, Koriander
und Salz auf einen Teller geben und alles gut vermengen.
Mithilfe eines Teelöffels Kugeln vom Frischkäse abste-
chen und in der Gewürzmischung wenden.

Linsen-Bulgur-Salat mit Koriander

8 EL Olivenöl · 1 EL Koriandersamen · 100 g rote Linsen
½ l Gemüsebrühe · 200 g Bulgur · 1 Knoblauchzehe
1 Zwiebel · 1 Zucchini · 1 kleine rote Chili · Saft von
1 Limette · Salz · Pfeffer · 1 TL Zimt · 80 g Pistazien
3 EL schwarzer Sesam · 1 Handvoll Koriandergrün

In einem Topf 3 EL Olivenöl erhitzen und die Koriandersamen 1 Min. darin andünsten. Linsen zugeben und unter Rühren 1 Min. anbraten. Gemüsebrühe zugießen, den Bulgur in den Topf geben und alles kurz aufkochen. Die Herdplatte ausschalten und zugedeckt 10–15 Min. garen. Knoblauch und Zwiebel schälen und fein würfeln. Zucchini putzen und grob würfeln. Chili in feine Streifen schneiden. In einer Pfanne das restliche Öl erhitzen. Erst Knoblauch und Zwiebelwürfel andünsten, dann Zucchini und Chili zugeben und anbraten. Linsen-Bulgur in eine Schüssel geben. Gemüse und Limettensaft unterrühren. Mit Salz, Pfeffer und Zimt würzen. Die Pistazien von der Schale befreien, grob hacken und mit dem Sesam unter den Salat mischen. Zuletzt Koriandergrün abbrausen, trocken tupfen, grob hacken und den Salat damit bestreuen.

Rinderfilets mit Pfefferkruste und Süßkartoffelrösti

Für die Rinderfilets:
600 g Rinderfilet · 3 EL Olivenöl · 2 EL rote Pfefferkörner
1 EL schwarze Pfefferkörner · 1 TL grobes Meersalz

Für die Süßkartoffelrösti:
500 g Süßkartoffeln · 1 Knoblauchzehe · 40 g Parmesan
2 EL Olivenöl plus etwas zum Braten · 1 Eigelb

Den Ofen auf 200 °C vorheizen. Das Fleisch mit Öl einreiben. Pfefferkörner und Meersalz in einem Mörser grob
zerstoßen und das Fleisch damit bestreuen. Die Filets in
einer Pfanne von jeder Seite ca. 2 Min. scharf anbraten.
Dann im Ofen auf einem mit Backpapier ausgelegten
Blech weitere 10–15 Min. garen. Die Süßkartoffeln schälen
und fein raspeln. Mit der Hand die Flüssigkeit ausdrü-
cken und abgießen. Knoblauch schälen und dazupressen.
Parmesan reiben, zusammen mit Olivenöl und Eigelb zugeben und alles vermengen. Eine Pfanne mit reichlich Öl
erhitzen. Die Kartoffelmasse portionsweise darin verteilen
und flach drücken. Bei mittlerer Hitze von jeder Seite
10–12 Min. braten. Rösti mit den Rinderfilets anrichten.

Ziegenkäse im Pfeffermantel

2 EL schwarze Pfefferkörner · 2 EL rote Pfefferkörner
1 Zweig Rosmarin · 1 Ziegenfrischkäserolle (à 200 g)
3 mittelgroße Knollen Rote Bete · 2 Feigen
1 EL Honig plus etwas zum Beträufeln · 2 EL Olivenöl
Saft und Abrieb von ½ Bio-Zitrone · Salz · Pfeffer

Pfefferkörner in einem Mörser grob zerstoßen. Rosmarin
abbrausen, trocken tupfen, die Nadeln fein hacken und
zum Pfeffer geben. Die Gewürzmischung auf einem Teller
verteilen. Die Frischkäserolle darin wenden und anschließend in 8 Scheiben schneiden. Die Rote Bete in einem
Topf in reichlich Salzwasser je nach Größe 30–60 Min.
garen, dann schälen und in sehr feine Scheiben schneiden. Feigen putzen und ebenfalls in dünne Scheiben
schneiden. Honig, Öl, Zitronensaft und -abrieb zu einem
Dressing verrühren, mit Salz und Pfeffer abschmecken.
Die Rote-Bete-Scheiben mit den Feigen abwechselnd auf
einem Teller anrichten und mit dem Dressing beträufeln.
In die Mitte jeweils 2 Ziegenkäsetaler legen. Kurz vor dem
Servieren etwas Honig darüberträufeln.

5 4 3 2 1   19 18 17 16 15
978-3-88117-984-3

Grafische Gestaltung: Amélie Graef
Redaktion: Luisa Zeltner, Lisa Frischemeier
Layout und Satz: typocepta, Köln
© 2015 Hölker Verlag
im Coppenrath Verlag GmbH & Co. KG,
Hafenweg 30, 48155 Münster, Germany

www.hoelker-verlag.de